Aaron David Bernstein

Über die Prinzipien der jüdischen Reformgemeinde zu Berlin

Ein Wort der Erinnerung am 20.Jahrestage des Aufrufes vom 2.April 1845

Aaron David Bernstein

Über die Prinzipien der jüdischen Reformgemeinde zu Berlin
Ein Wort der Erinnerung am 20.Jahrestage des Aufrufes vom 2.April 1845

ISBN/EAN: 9783743615441

Hergestellt in Europa, USA, Kanada, Australien, Japan

Cover: Foto ©Suzi / pixelio.de

Weitere Bücher finden Sie auf **www.hansebooks.com**

Ueber die Prinzipien

der

jüdischen Reformgemeinde

zu

Berlin.

Ein Wort der Erinnerung am 20. Jahrestage des Aufrufes
vom 2. April 1845.

Von

A. Bernstein.

Als Manuskript für Freunde.

Berlin.
Gedruckt bei Julius Sittenfeld.
1865.

I.

Die Entstehung der Genossenschaften für Reform im Judenthum.

In den ersten Monaten des Jahres 1845 ist eine Anzahl jüdischer Einwohner Berlins zu einer Genossenschaft zusammengetreten, die es als ihre Pflicht erachteten, seit langer Zeit bereits häufig angeregte Reformen innerhalb des Judenthums auszuführen, damit durch diese die ererbte väterliche Religion eine solche Form gewinne, welche deren Belebung in der Gegenwart und Vererbung auf die kommenden Geschlechter ermögliche.

Die Gründer der „Genossenschaft für Reform im Judenthum" hatten nämlich längst die Wahrnehmung gemacht, daß die ererbten Vorstellungen, Formen und Vorschriften der väterlichen Religion nicht mehr in Einklang stehen mit den fortgeschrittenen Einsichten, mit den äußerlichen Lebensbedingungen und den innern religiösen Bedürfnissen eines Geschlechtes, das unter der Bildung der Gegenwart erwachsen war. — Die väterliche Religion hat ihre Form zu einer Zeit empfangen und abgeschlossen, in welcher die Vorstellung innerhalb der

Judenheit allgemein herrschend war, daß die Bekenner des Judenthums nur vorübergehend eine Existenz außerhalb Palästina's führen, und daß es zu ihrer religiösen Pflicht gehöre, nicht blos auf eine baldige Erlösung aus dem Exil zu hoffen, sondern auch in allen Religionsgebräuchen Rücksicht auf die einstmalige und demnächst wieder zu gewinnende Heimat zu nehmen. Die Religion der Väter bekam dadurch eine Gestaltung, welche freilich sehr erhaltend auf ihre Existenz und die Verbindung ihrer Bekenner wirkte, so lange äußerer Druck und innere freiwillige Absperrung sich vereinigten, um thatsächlich den Juden in aller Welt außerhalb Palästina heimatlos zu machen. Der Kultus der bestehenden Synagogen, wie der spezifische Inhalt ihrer Gebete, die Ceremonialgesetze, wie die herrschend gewordenen religiösen Gebräuche, waren in Geist und Form, in Sprache und Sitte ganz von diesem Charakter erfüllt und verdienen innerhalb desselben ihre historische Berechtigung und Würdigung.

Allein diese Form konnte nur um deshalb und nur so lange als eine wahre empfunden und aufgenommen werden, so lange der Zustand und die Bedingungen fortwährten, unter welchen sie einst entstanden waren.

Lange Zeit bereits vor der Bildung der Genossenschaft hatte sich jedoch von innen wie von außen dieser Zustand geändert. Die Juden waren in fast allen civilisirten Staaten Europa's zu berechtigten Bürgern ihrer Heimat erklärt und fühlten sich und machten sich als solche geltend. — Dies einerseits, und andererseits eine durch wissenschaftliche Forschungen hervorgegangene richtigere Anschauung über die Entstehung der Formen, unter welchen das Judenthum sich von Geschlecht zu

Geschlecht vererbt hatte, bewirkte, daß gerade in der gebildeten
Judenheit, und hauptsächlich der der deutschen Heimat, eine
beklagenswerthe Gleichgültigkeit um sich griff und der Abfall
oder die völlige Entfremdung, ja sogar Mißachtung und Ver=
spottung des Judenthums zu den alltäglichen Erscheinungen
innerhalb der Judenheit wurde.

Diese Uebelstände waren bereits bei den letzten Ge=
schlechtern hervorgetreten und kamen im gegenwärtigen Ge=
schlecht nur noch greller zum Vorschein, nachdem einzelne Ver=
suche zur Reformirung des Gottesdienstes an der hartnäckigen
Bekämpfung derselben Seitens der Strenggläubigen gescheitert
waren. Tiefer aber noch ließ sich das ererbte Uebel bei der
heranwachsenden Jugend voraussehen, welche in Empfindungen,
in Geschmacksrichtung, in Erkenntniß und in geistigen Bedürf=
nissen erzogen worden, die schon an sich einer tiefen religiösen
Richtung nicht förderlich sind, dem Leben in den alten Normen
des Judenthums aber ganz und gar entgegen streben.

Der Zwiespalt zwischen dem tiefen religiösen Ernst der
Vorfahren, der die Religion unter den schwersten Zeiten der
Verfolgung und eines Märtyrerthums, ohne Gleichen in der
Menschengeschichte, aufrecht erhielt, und der Gleichgültigkeit und
Leichtfertigkeit der Jugend, die nicht blos ohne gottesdienstliche
Uebung, sondern auch bereits ohne Kenntniß der Geschichte
des Judenthums aufwuchs, — dieser Zwiespalt war so groß ge=
worden, wie er nirgend im Verlauf weniger Geschlechter sich
zeigt. — Im schmerzlichen Gefühl dieses Zwiespalts empfan=
den die Gründer der „Genossenschaft", daß es ihre Pflicht
sei, das große Erbe der väterlichen Religion, welches in der
veralteten Form einer vergangenen Zeit nicht mehr zu beleben

war, neu zu begründen durch Reformen, welche den reichen Inhalt des Judenthums für die Gegenwart und die kommenden Zeiten wiederum zum vollbewußten Heiligthum gestalten. Aus der ursprünglich gegründeten „Genossenschaft für Reform im Judenthum" hat sich im Lauf der Zeit die hiesige jüdische Reformgemeinde gebildet, der wir angehören. Zwei Jahrzehnte sind nunmehr seit jener ersten Zeit des Entstehens vergangen, innerhalb welcher der Tod in den Reihen der ersten Gründer und Förderer unersetzbare Lücken gerissen. Der Wechsel des Lebens hat Andere aus dem Kreise ihres früheren segensreichen Wirkens entfernt. Ein junges Geschlecht ist inzwischen herangewachsen, das die Früchte der geschwundenen Jahrzehnte wohl genießt; allein der Grundzüge und Prinzipien sich wenig bewußt wird, aus welchen sie entsprungen. Das Gemeindeleben und Gemeindebewußtsein, das in der ersten Hälfte dieses Zeitabschnitts ein oft sehr reges und unter schöpferischer Leitung ein sehr thatkräftiges war, hat im letzten Jahrzehnt nur noch in den einzelnen Tagen des Festgottesdienstes ein Zeugniß der stillen Existenz abgelegt. Von den schaffenden Arbeiten der ersten Zeiten des Entstehens unserer Gemeinde lebt nur noch ein Bild der Erinnerung in den Herzen der Vereinzelten, die daran Theil genommen und ein Umriß der regsamsten Thätigkeit in den Protokollen, Denkschriften und geschichtlichen Darstellungen, die jene Zeit vergegenwärtigen. — Auch an Versuchen, die Prinzipien der Reform zu fixiren, hat es nicht gefehlt, die von dem tiefen Ernst Zeugniß ablegen, mit welchem die Gründung der Gemeinde begonnen worden ist. Allein bei all dem reichen Material verbleibt es immer noch eine erstrebenswerthe und im Lauf der Jahre immer dringender werdende Aufgabe, die religiösen Grundzüge unserer Reformbestrebungen allgemeiner faßlich darzustellen, zu Ehren derer, die bereinst daran gearbeitet und zu Nutz und Frommen der Nachkommen, die sich des Segens der väterlichen Religion unter erneuerten Formen erfreuen sollen.

Diesem Zwecke gilt der nachstehende Umriß.

Möge er, eine Erinnerung an die geistige Bewegung einer thatenreichen Vergangenheit, eine Anregung zu erneuerter Fortbildung in der Zukunft sein!

II.
Die ursprünglichen Motive zur Bildung der Genossenschaft.

Was wir in der vorstehenden Einleitung über die Motive gesagt haben, welche die Gründer der Genossenschaft für Reform im Judenthum zu ihrem ersten Auftreten veranlaßt hat, drückt der Aufruf vom 2. April 1845, der vielfach Anklang fand, in folgenden Worten aus:

An unsere deutschen Glaubensbrüder.

"Seitdem der politische Druck im deutschen Vaterlande von unsern Schultern genommen, und in uns der aufstrebende Geist sich seiner Fesseln entledigt, seitdem wir in Bildung und Sitte ganz in das Leben der Gegenwart eingetreten, hat die religiöse Befriedigung mehr und mehr aufgehört, welche der Trost und das Glück unserer Voreltern gewesen ist. Unsere Religion hielt unveränderlich fest an den Formen und Vorschriften, in denen sie uns seit Jahrhunderten vererbt worden; unsere Ueberzeugungen und unsere Empfindungen aber, unsere innere Religion, der Glaube unseres Herzens, ist nicht mehr in Einklang mit dieser Gestaltung. Und wir stehen da in Zerrissenheit mit uns selbst, in Widerspruch des innern Lebens, des Glaubens, mit dem äußern Leben, dem gegebenen Gesetz."

„Wohl kämpfen unsere Gelehrten und Lehrer auf dem Gebiete der Theologie für und gegen eine Ausgleichung dieses Widerspruches; aber wie lange schon! und des Kampfes Ende ist nicht abzusehn. Inzwischen aber hat das Leben bereits vorgegriffen der Wissenschaft, inzwischen hat sich die überwiegende Mehrheit der Gebildeten thatsächlich losgesagt von dem größten Theil unserer religiösen Vorschriften, und selbst in denen, die sie noch befolgen, ist es meist ein Thun ohne Glaube und ohne Begeisterung geworden. Die Verwirrung ist groß. Nirgend Einheit, nirgend ein Halt, nirgend eine Grenze. Das alte rabbinische Judenthum mit seiner festen Basis hat keine Basis mehr in uns. Vergeblich sind die Bemühungen derer, die es künstlich in sich oder sich in ihm zu erhalten suchen. Die erstarrte Lehre und unser Leben sind für immer auseinander gewichen. Der Zweifel, der zu negiren angefangen, droht alle Grenzen zu überschreiten. Er erzeugt den Indifferentismus und den Unglauben, und giebt uns der Rathlosigkeit preis, in welcher wir mit Schmerz zusehen, wie unserer Nachkommenschaft mit den veralteten Formen auch der ewige, heilige Kern des wahren Judenthums verloren zu gehen droht."

Nach dieser Darlegung der damaligen Zustände spricht der Aufruf über das Bestreben seiner Unterzeichner folgende Grundsätze aus:

„Wir wollen: Glaube; wir wollen: positive Religion; wir wollen: Judenthum. Wir halten fest an dem Geist der heiligen Schrift, die wir als ein Zeugniß göttlicher Offenbarung anerkennen, von welcher der Geist unserer Väter erleuchtet wurde. Wir halten fest an Allem, was zu einer wahrhaften, im Geiste unserer Religion wurzelnden Gottesverehrung gehört. Wir halten fest an der Ueberzeugung, daß die Gotteslehre des Judenthums die ewig wahre sei, und an der Verheißung, daß diese Gotteserkenntniß dereinst zum Eigenthum der gesammten Menschheit werden wird.

„Aber wir wollen die heilige Schrift auffassen nach ihrem göttlichen Geiste; wir können nicht mehr unsere göttliche Freiheit der Zwingherrschaft des todten Buchstaben opfern. Wir können nicht mehr beten mit wahrhaftem Munde um ein irdisches Messiasreich, das uns aus dem Vaterlande, dem wir mit allen Banden der Liebe anhangen, wie aus einer Fremde heimführen soll in unserer Urväter Heimathland. Wir können nicht mehr Gebote beobachten, die keinen geistigen Halt in uns haben, und nicht einen Kodex als unveränderliches Gesetzbuch anerkennen, der das Wesen und die Aufgabe des Judenthums bestehen läßt im unnachsichtigen Festhalten an Formen und Vorschriften, die einer längst vergangenen und für immer verschwundenen Zeit ihren Ursprung verdanken.

„Durchdrungen von dem heiligen Inhalt unserer Religion, können wir sie in der angeerbten Form nicht erhalten, geschweige denn vererben auf unsere Nachkommen, und so zwischen die Gräber unserer Vorväter und die Wiegen unserer Kinder hingestellt, durchzittert uns der

Posaunen-Aufruf der Zeit, als die Letzten eines großen Erbes in der veralteten Form, auch die Ersten zu sein, welche mit unerschütterlichem Muth, mit inniger Verbrüderung durch Wort und That den Grundstein des neuen Baues legen für uns und die Geschlechter, die nach uns kommen."

III.
Ueber die Nothwendigkeit des Bestehens der Reform-Gemeinde.

Dieselben Ursachen, welche das Auftreten der Gründer der Genossenschaft, aus der wir hervorgegangen, veranlaßt haben, dieselben Ursachen wirken auch jetzt noch fort, um das Bestehen der Reform-Gemeinde zu einer Nothwendigkeit zu machen: nicht blos für ihre derzeitigen Mitglieder, deren religiösen Bedürfnissen sie Genüge zu leisten hat, sondern auch für diejenigen jüdischen Glaubensgenossen im Allgemeinen, welche in ihren religiösen Anschauungen, wissenschaftlichen Ueberzeugungen und bürgerlichen Bestrebungen, von denen unsere Vorfahren sich weit entfernt haben und unaufhaltsam sich immer weiter entfernen.

Es darf als eine unverkennbare Thatsache ausgesprochen werden, daß die Erscheinungen, welche bereits im Aufruf vom 2. April 1485 eine Reform im Judenthum rechtfertigten, im Lauf der Jahre sich nicht vermindert, sondern nur noch verstärkt haben. Allenthalben und hauptsächlich in der deutschen Judenheit hat sich auch deshalb das Bedürfniß nach Reformen zu einem unabweislichen geltend gemacht. — Allein fast allenthalben erhoben sich gegen eine gründliche und prinzipiell klare Reform Schwierigkeiten, die man ohne Rücksichtslosigkeit, Härte und Intoleranz kaum zu beseitigen im Stande ist.

In fast allen jüdischen Gemeinden Deutschlands lebt

noch eine kleine Anzahl frommer Männer, die, in der strengen Anschauung der alten Orthodoxie erzogen, jede Reform als einen Abfall von der väterlichen Religion betrachten. — Zum Theil empfinden sie in der Abgeschlossenheit ihres Lebens nicht die Nothwendigkeit, die auf eine Reform hinweist, zum Theil sprechen sie derselben die Berechtigung ab, Institutionen und Einrichtungen, Gebräuche und Sitten, welche sich von Jahrhunderten her auf sie vererbt haben, abzuschaffen oder abzuändern. — Einzelne von ihnen mögen wohl auch den Glauben nicht aufgeben, daß doch einmal die alte Verheißung einer Wiederherstellung des jüdischen Reiches in Palästina sich erfüllen werde und sie betrachten jedes Bestreben, das Judenthum für immer im deutschen Vaterlande einzubürgern, als einen gottlosen Frevel, dem sie Widerstand leisten müssen.

Von solchen Motiven getrieben, haben die Träger der Orthodoxie alle früheren Reformversuche bei den Regierungen denunzirt. Die Anklagen fanden auch zumeist bei solchen Regierungen Anklang und Erfolg, die entweder aus politischen Motiven jeder orthodoxen Richtung huldigten oder von dem Gesichtspunkte ausgingen, daß durch ein Verbot jeder Reform der gebildetere Theil der Judenheit genöthigt sein würde, seine religiöse Befriedigung im Christenthum zu suchen.

Die Zahl dieser altorthodoxen Juden hat sich nun freilich in Deutschland sehr vermindert und die Prinzipien der Religionsfreiheit, die in den deutschen Staaten zur Geltung kam, haben auch die Hindernisse Seitens der Regierungen beseitigt; allein gerade dieser Umstand und die hiermit zum Siege gekommene Humanität und Toleranz in der gebildeten Judenheit haben die Reformfreunde allenthalben milder und rücksichtsvoller gestimmt gegen die meist greisen Anhänger der Orthodoxie und sie verhindert selbst dort, wo Einfluß, Macht, Intelligenz und Majorität auf Seiten der Reformfreunde sind, eine entschiedene Reform in den Gemeinden der Judenheit zur Geltung zu bringen.

Mehr aber noch als die sehr geringe und von Jahr zu Jahr sich vermindernde Zahl der wirklich Orthodoxen sind ein Hinderniß einer entschiedenen Reformirung der Kultuseinrichtung ganzer Gemeinden diejenigen unserer Glaubensgenossen, welche sich zwar in ihrem Leben und in ihren Anschauungen ganz auf dem Standpunkt der entschiedenen Reformer befinden, die jedoch theils durch Gewohnheit, Pietät und Ehrfurcht vor dem Herkömmlichen in ihrem Gemüth einer entschiedenen Reform abhold sind, theils durch Zweifelsucht über die Haltbarkeit einer religiösen Reform, sich am Alten Genüge sein lassen und theils durch Gleichgültigkeit gegen die Religion den Verfall der alten Formen weder beachten, noch für eine Neugestaltung sich interessiren mögen. Die Gesammtwirkung all dieser Zustände ist bisher noch immer die gewesen, daß allenthalben, wo man es versucht hat ganze bestehende Gemeinden für eine Reform ihrer Kultuseinrichtungen zu bewegen, die Reform sich höchstens darauf erstrecken konnte, der äußerlichen Erscheinung des Kultus einigen Anstand zu verleihen. Man behielt die hebräische Gebetssprache bei, obwohl thatsächlich der kleinste Theil der Gemeinde kaum dieser Sprache mächtig war. Die Gebete um Heimkehr nach Palästina, um Befreiung aus dem Exil, um Einrichtung des alten Tempelkultus mit Priestern, Leviten und ihren Opferdiensten bestehen fort in Gemeinden, wo kaum eine geringe

Minorität vorhanden ist, die all dies ernstlich wünscht oder auch nur Etwas davon weiß. Man glaubte genug gethan zu haben, wenn man solche Gebete mit deutschem Choralgesang begleitete und beachtete nicht, wie man gerade eine Unfruchtbarkeit der Religion erzeugt, wenn man veraltete Anschauungen in moderner Aeußerlichkeit vorführt.

Diese Mißstände, welche sich in den gegebenen Verhältnissen nicht beseitigen lassen, sobald man Reformen für bestehende Gesammtgemeinden unter rücksichtsvoller Schonung gegen Orthodoxie und Halbheit einführen will, haben bereits vor vielen Jahrzehnten dahin geführt, daß sich innerhalb der Gesammtgemeinden einzelne Reformfreunde zusammenfanden, welche für sich einen eigenen Kultus herstellten, ohne ihn der Gesammtgemeinde aufzubrängen. So entstanden dann Reformgemeinden neben oder innerhalb der Gesammtgemeinden, nicht aus Opposition gegen die Andersgesinnten, sondern aus dem Trieb nach Befriedigung der eigenen religiösen Bedürfnisse und aus Rücksicht und Schonung der Vorurtheile, die eine Reform in den Gesammtgemeinden erschwerten und unmöglich machten.

Obwohl solche Reformgesellschaften wie die der Hamburger Tempelgemeinde zu Anfang nicht wenig Anfeindungen auf sich zogen und man von orthodoxer Seite in ihnen den vollständigen Abfall vom Judenthum erkennen wollte, obwohl einzelne fromme Zeloten die Ehen zwischen diesen Reformern und den Orthodoxen für unerlaubt erklärten und ihre Gemeinschaft wie ihr Gebetbuch mit einem Banne belegten, hat sich's doch im Lauf der Zeit thatsächlich erwiesen, wie der von ihnen eingerichtete Kultus mehr oder weniger zum Muster für eine Kultusreform in vielen Gemeinden Deutschlands wurde. Die

Anklagen sind nicht nur verstummt, sondern es wird selbst in den Kreisen der jüngern Orthodoxie anerkannt, daß die ehedem angefeindeten Reformer für die Erhaltung und Fortbildung des Judenthums in Deutschland Großes und Dankenswerthes geleistet haben.

Von gleichen Motiven geleitet, haben auch wir es unternommen, einen unseren religiösen Anschauungen und Gefühlen entsprechenden Gottesdienst für uns und unsere Angehörigen hier in Berlin einzurichten. Es hat uns hierbei die Ansicht geleitet, daß es uns nicht gelingen würde, auf dem Wege der geistigen Verständigung die Gesammtgemeinde zu einer gemeinsamen Reform zu bewegen, die über die allerengste Grenze der Verbesserung hinausgeht und nur auf Erzielung des äußerlichen Anstandes im Gotteshause gerichtet ist. Auf eine tiefer eingehende Reform in der Gesammtgemeinde zu dringen und dieselbe durch etwaige Stimmenmehrheit denjenigen aufzuzwingen, deren Gewissen sich dadurch verletzt fühlen könnte, das hielten wir theils für vergeblich, theils für ungerechtfertigt und schonungslos. — Wir zogen es vor, für uns einen Gottesdienst einzurichten, der zunächst nur zur Befriedigung der entschiedenen Reformer gereichen sollte, von dem wir aber mit vollster Zuversicht sagen können, daß er dereinst von den kommenden Geschlechtern der gesammten Judenheit Deutschlands als eine Vorarbeit für ihre anzustrebenden Reformen anerkannt werden wird.

In diesem Sinne halten wir uns berechtigt es auszusprechen, daß wir weit davon entfernt sind uns von der Judenheit auszusondern und eine neue Sekte in derselben zu bilden, die sich durch neue Dogmen von derselben unterscheidet, sondern daß wir einzig allein bestrebt sind, vorerst dasjenige für uns unter neuen Formen herzustellen, was in seinem Wesen das unfehlbare Ziel aller Bekenner der jüdischen Religion zu werden bestimmt ist, wenn sie die Grundwahrheiten derselben in ihren Kindern erhalten wollen. — Unser Streben ist somit auf Erhaltung des Judenthums für die Zukunft und nicht auf Zerstörung desselben gerichtet. — Was wir von den politisch-nationalen Anschauungen und Einrichtungen des geschichtlich uns überkommenen Judenthums zurückweisen, haben wir nicht zerstört, sondern es hat die Zeit dies bereits längst vor uns gethan. Wir betrachten uns nur als die Vorgänger in einer Reform, die in der deutschen Judenheit unausbleiblich eine Nachfolge finden wird. — Wir fühlen uns gestärkt in der Hoffnung, daß die kommenden Geschlechter der Judenheit unser Streben würdigen werden, und erhoben in der Ueberzeugung, daß wir ein Werk begonnen haben, welches man dereinst als eine Rettung des Judenthums aus den Trümmern seines Verfalls erachten wird.

IV.
Ueber unser Verhältniß zur gesammten Judenheit.

Nicht ohne Grund wurde uns von gegnerischer Seite der Einwand und Vorwurf gemacht, daß wir in unserem Bestreben, dem Judenthum eine Gestaltung zu verleihen, die dasselbe der deutschen Judenheit in ihrer wissenschaftlichen Bildung, ihrer religiösen Anschauung und ihrer formalen Geschmacksrichtung entsprechend macht, einen Verstoß begehen gegen die große weltgeschichtliche Thatsache, daß das Judenthum kosmopolitischer Natur geworden sei und eine Einheit der Glaubensgemeinschaft repräsentire, welche weit über die Grenzen und Schranken aller Welttheile, Staaten und Nationalitäten hinausrage!

Das Judenthum — so machte man gegen uns geltend — habe seine große Bedeutung eben darin, daß es in seiner alten Form allüberall auf den menschenbewohnten Erdtheilen dieselbe Gestaltung besitzt. Gäbe man auch zu, daß die ehemaligen Hoffnungen auf Wiederherstellung des einstigen jüdisch-nationalen und lokalen Reiches keine Aussicht auf Erfüllung haben und auch in den Ueberzeugungen und Wünschen der Judenheit nicht mehr wie einst leben, so sei doch immerhin durch die alte Form ein idealer Zusammenhang der Judenheit in den verschiedensten Welttheilen vorhanden. Der Versuch der deutschen Juden, das Judenthum ihrem deutschen Wesen entsprechend umzugestalten, reiße dieses nicht bloß aus dem großen Weltverbande, sondern würde, wenn es Nachahmung fände, das Gesammt-Judenthum in mehrere Judenthümer zersplittern, welche in verschiedenen Nationalitäten, Staaten und Ländern aufgehen müßten.

Wer indessen die Geschichte des Judenthums in der Vergangenheit und die Gestaltung und die Erscheinungen desselben in der Gegenwart kennt, der wird diesen Einwand und Vorwurf als ungerechtfertigt zurückweisen müssen.

Die Geschichte des Judenthums lehrt: daß die väterliche Religion sich wohl in ihren Grundprinzipien unter allen Zeiten treu geblieben sei; aber sie nahm in ihren Formen, in ihren geistigen Produktionen, in ihren Schriften und in ihrer äußerlichen Erscheinung stets die Richtung der Zeiten und der Nationen an, unter welchen ihre Bekenner lebten.

Selbst die Bibel trägt die Spuren der chaldäischen Anschauungen und der persischen Sprache, welche sich den Bekennern des Judenthums aufdrängten zur Zeit ihres ersten Exils. Die Apokryphen, Bücher, die wichtige Abschnitte der Geschichte der Juden und weise Lehren des Judenthums enthalten, existiren nur in griechischer Sprache, zum Zeugniß, daß das Judenthum und seine eifrigsten Bekenner in der Zeit, als die griechische Sprache die gebildetste der Welt war, sich derselben in ihren religiösen, innern und äußern Angelegenheiten bedienten. — Die alexandrinischen Juden beteten in griechischer Sprache wie wir in der deutschen, trugen die heilige Schrift im Gottesdienste in griechischer Uebersetzung vor und verherrlichten das Judenthum in Werken, welche die Spuren der philosophischen Anschauungen der Griechen an sich tragen.

Der Thalmud trägt in seinen Vorzügen und Mängeln

ganz und gar den Charakter des scharf ausgeprägten juristischen Geistes, den das herrschende Rom über jene Zeitalter ausgebreitet hat.

Als die arabische Bildung blühete, nahm das Judenthum in Wort, Schrift, Geist und Anschauung auch dieses Element in sich auf und die Hinterlassenschaften jener Zeit sind Zierden der poetischen, philosophischen, naturwissenschaftlichen und religiösen Literatur des Judenthums geblieben.

Nicht minder als die religiöse Anschauung der Juden von der Philosophie beeinflußt wurde, wurde auch die hebräische Sprache selbst durch die Bildung der Völker, unter denen die Bekenner des Judenthums lebten, beeinflußt. — Spanien und Italien haben der religiösen Poesie des Judenthums ein Gepräge verliehen, das sie früher nicht besaß.

Aber auch der Verfall des Geistes in den Zeiten des Mittelalters blieb nicht ohne Einfluß auf das Judenthum. Mystik und Orthodoxie nahmen im Judenthum überhand, wo sie die Menschen außerhalb des Judenthums beherrschten. Das Judenthum trägt in seiner Geschichte das edle wie das unedle Gepräge der Zeiten und der Völker an sich, unter welchen seine Bekenner lebten. Frankreich wie Deutschland haben erkennbar auf das Judenthum eingewirkt, und Polen endlich, diese Zufluchtsstätte der Juden während ihres Märtyrerthums in andern Ländern, hat in den letzten Jahrhunderten einen schweren Verfall des Judenthums herbeigeführt: einen Verfall, der sich kennzeichnet in einer innern und äußern Verwahrlosung in Sprache, Sitte, Schrift, Wort und Gelehrsamkeit.

Wenn all diese durch die Literatur- und Culturgeschichte festgestellten Thatsachen hinreichend bezeugen, daß im Allgemeinen der Geist und auch die Gestaltung des Judenthums stets beeinflußt wurde von der Cultur der Zeiten und Völker, unter welchen die Bekenner des Judenthums gelebt haben, so ergiebt eine richtige Schlußfolge hieraus, daß die Lebenskraft, die dem Judenthum in seinen ewigen Wahrheiten inne wohnt, nicht geschwächt, sondern gerade gestärkt wurde durch die Wandelungen, die es in den verschiedensten Ländern und unter den verschiedensten Nationen angenommen hat. — Es ist sehr fraglich, ob das Judenthum sich hätte unter seinen Bekennern durch Jahrhunderte erhalten können, wenn es so starr und unwandelbar in Formen und Anschauungen gewesen wäre, wie übereifrige Verehrer und blinde Ankläger es häufig und mit Unrecht darstellen. — Dem vorurtheilsfreien Beobachter erscheint vielmehr die Fügsamkeit und Wandelbarkeit des jüdischen Lebens, Forschens und Wissens diese Lebenskraft erhöhet, ja seine Fortdauer erst möglich gemacht zu haben.

Lassen wir aber auch diese Behauptung auf sich beruhen und begnügen wir uns blos mit der unbestreitbaren Thatsache, daß im Judenthum sich immerfort durch den Verlauf seiner Geschichte an der Hand der Menschengeschichte überhaupt, Reformen an Geist und äußerer Erscheinung vollzogen haben, ohne dem Kern der Religion Abbruch zu thun, so können wir hieraus mindestens entnehmen, wie die gegenwärtigen Umgestaltungen im Judenthum, der Bildung unseres Zeitalters entsprechend, keineswegs die Fortdauer desselben gefährden und seine Lebenskraft schwächen würden.

Hierin aber liegt auch zugleich der Abweis jenes Vorwurfes, daß das Judenthum in seiner deutschen Gestaltung eine Vernichtung oder Zersplitterung in verschiedene nationale Juden-

thümer erzeugen würde; denn das seit **Moses Mendelssohn's** Wirken verflossene Jahrhundert hat thatsächlich das
deutsche Judenthum zum Mittelpunkt und zum Bildungskern
des ganzen Judenthums der Jetztzeit und der nächsten Zukunft
gemacht und ihm eine Stellung angewiesen, die in wesentlicher
Beziehung ebenso bildend und läuternd auf dasselbe einwirkt,
wie einst die arabische Epoche, die zu der glänzendsten in
der Geschichte des Judenthums geworden.

Als **Moses Mendelssohn** in Deutschland auftrat,
fand er das Judenthum in der Mißgestaltung an Geist und
äußerer Erscheinung vor, die das Slaventhum ihm aufgeprägt,
und nicht bloß in den polnischen Ländern, sondern in ganz
Europa seinen verwahrlosenden Einfluß ausgeübt hatte. —
Den Juden war nämlich die Existenz längst unmöglich geworden in den romanischen Staaten Europas, die centralisirt
durch einheitliche Regierungen die barbarischen Verfolgungen
und Vertreibungen in Massen vollziehen konnten. Die Juden
konnten nur dort noch Zufluchtsstätten finden, wo **Zerrissenheit** der Staaten herrschte und kleine, mit einander in Hader
und Eifersucht lebende Fürsten ihnen ein trauriges Unterkom-
men gestatteten, wenn sie aus Nachbar-Territorien flüchten
mußten. Die Vertreibungen aus den Einheitsstaaten Spanien
und Frankreich waren vollständige, weil eben der Einheitsstaat
mit Einem Schlage die Barbareien vollstrecken konnte. —
Weniger vollständig gelang die Verfolgung im zerrütteten
Italien, im zersplitterten Deutschland, wo die vielen Herrscher
zum Glück der Juden auch in der Barbarei nie einig waren.
Noch bessere Zufluchtsstätten eröffneten sich den Juden in dem
polnischen Reiche, wo in der Anarchie der herrschenden Edel-

leute sich Hunderte von Territorien fanden, in welchen die
Unglücklichen ihre Existenz unter schweren Erniedrigungen fristen
konnten. Dorthin, nach den slavischen Ländern, hatte sich denn
auch der Strom der Flüchtigen aus Deutschland gewendet und
die Unbildung des slavischen Elementes ließ sie die deutsche
Sprache in corrumpirter Weise unter sich fortleben. Von den
slavischen Ländern her ging wiederum dann die Strömung der
Flüchtigen zurück nach Deutschland, als sich hier die mittel-
alterliche Barbarei zu lockern begann; aber die Juden brachten
nicht bloß in äußerlicher Beziehung die Verwahrlosung des
slavischen Zustandes von dort her mit zurück, sondern auch
das Judenthum trug in Synagoge und Schule diesen Stempel. Der Gottesdienst war ein halb verwilderter und wirrer
Cultus geworden, entstellt durch Manieren, die für jüdisch
galten aber polnisch waren. Die Gelehrsamkeit in Schule und
Rabbinat ward, alles realen Wissens ledig, ein bloßes dialekti-
sches Disputiren, wo an die Stelle der Wissenschaft der tiefste
Aberglaube, an die Stelle des Forschens eine wilde Spitz-
findigkeit ohne Ziel und Maß getreten war.

Diese slavische Verwahrlosung hatte zur Zeit Mendels-
sohns fast das ganze Judenthum überwuchert. Nur in Italien
war noch ein Rest von geordnetem und harmonischem Wissen,
von ästhetischer Anschauung und veredelnder Bildung vorhanden; und außerdem lebte der Geist der ehemaligen hochgebil-
deten spanischen Juden nur noch in sehr vereinzelten aber auch
in sich abgeschlossenen kleinen Sondergemeinden in Holland fort,
wo sie Zuflucht und Ruhe gefunden.

Moses Mendelssohn war also in der That der Gründer des deutschen Judenthums. Im Verlauf des Jahrhun-

derts, das seit seinem Auftreten verflossen ist, wurde deutsche Bildung, deutsche Gesittung, deutscher Forschertrieb, deutsche Sprache und der tiefe Ernst deutscher Wissenschaft nicht bloß ein Erbe der Juden in Deutschland, sondern auch eine Errungenschaft der Juden in allen civilisirten Ländern der Welt.

Jeder unbefangene Kenner des Judenthums und der Judenheit wird die Wahrheit nicht verleugnen können, daß seit den Zeiten Moses Mendelssohn's die ganze Literatur der Juden, so weit sie Würdiges und Beachtenswerthes an den Tag gefördert hat, durchtränkt ist von dem Geiste der deutschen Bildung. Schon zu Anfang nahm die hebräische Sprache seiner Zeit, als die Sprache der Wissenschaft des Judenthums, in Diction, in Ideengang, in Bildern und im Periodenbau einen modernen Stempel an, der in der deutschen Literatur sein Gepräge erhalten hatte. — Bis auf den heutigen Tag tragen die hebräischen Schriften der neuern Epoche dieses deutsche Gepräge an sich, gleichviel ob ihre Verfasser in Italien oder in Polen oder in Rußland leben. Deutsche Kritik, deutsche Philosophie, deutsche Poesie sind die unverkennbaren Merkmale der hebräischen, wissenschaftlichen, philosophischen und schönwissenschaftlichen Arbeiten eines Luzzatto und Reggio, eines Rapoport und Krochmal, wie all deren Schüler, die sich, weit verbreitet in allen Ländern Europas, einen Wirkungskreis zur Heranbildung ihrer Glaubensgenossen schafften. Gar bald darauf überwand die jüdische Literatur dieses künstliche Stadium und wandte sich ganz und gar dem vollen Gebrauch der deutschen Sprache zu. Was Gelehrtes und Schönes im Bereich des Judenthums geleistet wurde, ist seitdem in deutscher Schrift und Sprache erschienen. Zeitschriften, kritischen, historischen, polemischen, literarischen, religiösen oder socialen Inhalts wurden Anfangs in hebräischer Sprache versucht; aber sie wurden bald von neuen, deutsch geschriebenen überflügelt und verdrängt. — Im Cultus hat die deutsche Geschmacksrichtung so sehr überwogen, daß allenthalben, wo sonst eine hergebrachte Vortrags- und Gesangsweise herrschte, jetzt der deutsche Choralgesang sich Bahn bricht. — Deutsche Erbauungsschriften und die deutsche Predigt sind gegenwärtig die überwiegenden Bürgen des religiösen Bewußtseins der Juden. — Wenn ehemals polnische Rabbiner durch die Welt zogen, um in allen Staaten, wo Juden lebten, die Stätten der Rabbinersitze einzunehmen, so ist gegenwärtig Deutschland und die Bildungsschule der deutschen Universitäten die Pflanzstätte, welche einzig und allein die Judenheit in der ganzen Welt mit Rabbinern, Predigern und Religionslehrern versorgt. Der gebildete deutsche Rabbiner findet in Warschau wie in Amsterdam, in London wie in Paris, in New-York wie in Kopenhagen, in Philadelphia, in St. Francisko wie in den jungen Gemeinden Australiens eine günstige Aufnahme. — Der deutsche Geist ist so ganz und gar im Judenthum zum Alleinherrscher geworden, daß selbst die Gegner dieser großen Reform-Thatsache und ihrer unausbleiblichen Consequenz sich keiner anderen als der deutschen Schrift und Sprache zu bedienen vermögen, um für ihre vermeintlich conservative Richtung zu kämpfen. —

So sehen wir denn ein deutsches Judenthum sich emporschwingen und seinen Beruf kund geben, der Judenheit der Gegenwart und der kommenden Geschlechter zum Kernpunkt eines frischeren Daseins zu werden. Für uns ist diese Thatsache nicht ein Zeichen des Verfalles, sondern ein Merkmal des Lebens, das in allen Institutionen sich nur fortentwickeln kann, wenn die Form des Hergebrachten, die ihren Zweck nicht mehr ausfüllt, einer zeitgemäßen Form sich anschließt, die eine Regeneration möglich macht. — Wir vermessen uns nicht zu behaupten, daß fortan und für ewig diese neuere Form des Judenthums die alleinherrschende bleiben müsse, oder werde; allein wir haben unser Bestreben begonnen und in dem Bewußtsein fortgeführt, daß wir für uns und unsere Nachkommen nicht nur keinen Bruch in das Judenthum oder in die Judenheit gebracht, sondern einem großen religiösen Bedürfniß vorgearbeitet haben, das zur Erhaltung des Judenthums für jetzt und die nächsten Generationen die alleinige wahre Bürgschaft bietet.

V.
Die Grundzüge unserer Reform.

Schon beim Beginn unseres Bestrebens vor zwanzig Jahren stand es bei allen Leitern derselben fest, daß wir gewisse Grundzüge der Reform zu bezeichnen haben, um dem Vorwurf zu begegnen, als ob wir eine Auflösung jedes religiösen Bandes wünschen. Nicht minder aber war es allen Genossen auch klar geworden, daß wir uns hierbei wahren müssen vor dem viel gefährlicheren Mißgriff, in dogmatischer Weise der frühern Zeiten neue **Glaubenssätze** aufzustellen.

Zu Anfang erschien uns daher, wie der Aufruf vom 2. April 1845 darthut, ein Ausdruck unseres religiösen **Wollens** diesem ersten Erforderniß hinreichend zu entsprechen; allein wir erkannten das Unvollständige einer solchen Darlegung so sehr an, daß wir sofort unser erstes Auftreten nur zur Bildung eines provisorischen Zustandes hinreichend legitimirt betrachtet haben. Als weiteres Ziel unseres Zusammentretens stellten wir die Berufung einer Synode auf, welche

„das Judenthum in derjenigen Form erneuern und festsetzen solle, in welcher es in uns und unsern Kindern fortzuleben fähig und würdig ist."

Zur Berufung einer solchen Synode und zu einer Erneuerung und Festsetzung der Form des Judenthums, wie sie der Aufruf vom 2. April 1845 beabsichtigte, ist es bis jetzt nicht gekommen. Es hat sich vielmehr unser Anfangs noch lose gestaltetes Wollen durch eine Reihe von praktischen Einrichtungen und durch Darlegung mannigfacher geistiger Vorarbeiten so manifestirt, daß wir zwar kein abgeschlossenes System der Reform, wohl aber ein in seinen Grundzügen erkennbares Bestreben repräsentiren.

Unser erstes Ziel, die Berufung einer Synode, war kein irriges. Es lag in der Natur der Dinge, daß wir gleich beim Beginn unseres Bestrebens kund thun mußten, daß ein endlicher Abschluß und eine festere Gestaltung einer Reform im Judenthume weder von der Masse der Mitglieder, die uns beitreten, allein, noch von irgend einer außerhalb derselben existirenden oder sich bildenden religiösen Behörde allein werde vollendet werden können. Auch ein Abschluß ein für alle Mal, bestimmend für eine Zeit und bindend für die Zukunft, konnte unserem Ziele nicht entsprechen. Mit dem Begriff der Reform haben wir sofort zwei wesentliche Grundprinzipien ihrer Nothwendigkeit und ihrer Geltung aufgestellt. Lag in der Erkenntniß ihrer Nothwendigkeit auch zugleich die Berechtigung, jeder Zeit die Formen früherer Zeiten umzugestalten, so lag auch zugleich in Bezug auf ihre Geltung darin das Prinzip, daß die erneuete Form eine Geltung nur so lange besitzen könne, so lange dieselbe den Anschauungen, Bedürfnissen und Zwecken entspreche.

Einen solchen Anspruch erfüllt aber eine Religion nur dann, wenn sie ihrer Gestaltung und Ausbildung eine synodale Verfassung zu Grunde legt.

Die synodale Verfassung bildet einen Gegensatz zu einer klerikalen, wo die Gestaltung aller religiösen Institutionen und Lehren einem Klerus, einem aus sich selber sich ergänzenden

Geistlichenstande anheimgegeben ist. — Sie ist auch mit einer
streng presbyterialen Verfassung nicht identisch, welche die Autono-
mie jeder Gemeinde durch ihre auf bestimmte Zeiten gewählten
Vertreter, als Repräsentanten, Aelteste, Vorsteher u. A., zu ihrem
Prinzipe hat. — Noch weniger stimmt sie mit der consisto-
rialen Verfassung überein, wo Staats- oder bürgerliche Be-
hörden einen Einfluß auf die Verfassung und die Gestaltung
der religiösen Institutionen haben. Die synodale Verfassung
setzt eine durch Wahlen hervorgegangene, aber durch Fach-
kenntniß und Beruf mit besonderem Vertrauen ausgestattete
Körperschaft voraus, die neben der Gemeinde-Verwaltung, welche
die äußeren Verhältnisse leitet, die inneren religiösen Grundsätze feststellt und ordnet. Eine Synode in solchem Sinne
sollte nach unserem ursprünglichen Plane unseren Bestrebungen
eine feste Gestaltung und in ihrem Fortbestehen zugleich die
Bürgschaft geben, daß sie auch den religiösen Bedürfnissen kom-
mender Zeiten werde Erfüllung gewähren können.

Aber den Zeitpunkt der Berufung einer solchen Synode
haben wir uns auch gleich bei unserem ersten Auftreten weder
all zu nahe gedacht, noch zu beschleunigen gewünscht.

Wenn wir in unserem Aufrufe an die deutschen Glaubensbrüder die Berufung einer Synode als Ziel hingestellt, ge-
schah es in richtiger Würdigung unserer Aufgabe und in dem Bewußtsein, daß wir nicht diejenigen sein mögen, welche für
Andere maßgebend mit fertigen Gestaltungen auftreten. Ver-
hehlen jedoch konnten und durften wir uns nicht, daß bei
gleichen Bedürfnissen und Empfindungen innerhalb der deutschen
Glaubensgenossen doch die gegebenen Verhältnisse in den bestehenden Gemeinden außerordentlich verschieden und von ein-

auker abweichend sind, und daß man bei Berufung einer Synode in naher Zeit entweder auf eine gemeinsame Verständigung oder auf eine wesentliche und entschiedene Reform werde verzichten müssen.

Wir waren uns vielmehr bewußt, daß die lebendige Einwirkung der Zeit erst nach und nach in immer weiteren Kreisen werde zum Durchbruch kommen müssen, ehe sich das Ziel eines festen, gemeinsamen Abschlusses durch eine Synode in befriedigender Weise werde erreichen lassen. Das ferne Ziel war uns darum noch kein verfehltes. Und es ist noch heute kein veraltetes, in so fern es sich voraussehen läßt, daß die nächste einer religiösen Bewegung günstige Epoche einmal uns oder unsere Kinder dahin führen wird, nochmals den Aufruf an die deutschen Glaubensbrüder zu erneuern, wo sodann die Form des gemeinsamen Strebens kaum eine andere wird sein können, als die, welche wir vor zwei Jahrzehnten ins Auge gefaßt haben.

In richtiger Würdigung der bezeichneten Umstände konnten wir es aber auch nicht bei dem bloßen Aufruf und dem Hinweis auf ein fernes Ziel bewenden lassen. Dieselben Bedürfnisse und Bestrebungen, welche unser Auftreten veranlaßten, wirkten in uns fort und forderten zunächst Befriedigung in festeren Institutionen unter uns und für uns selbst. In der Art, wie wir diesen Bedürfnissen nachzukommen und festere

Institutionen, zunächst für uns und die Familienangehörigen unserer Genossen in Berlin schaffen wollten, sollte der Ernst unseres, nicht auf Negation ausgehendes Streben erkannt und zugleich auch ein thatsächliches Vorbild von dem hingestellt werden, was wir als förderlich und heilsam für eine Reform im Judenthum erkannt haben.

So trat bei uns die Einrichtung eines Gottesdienstes und einer Religionsschule ins Leben, welche wir freilich nicht als abgeschlossen und unveränderbar erachtet haben, die jedoch den Geist der Religion repräsentiren, der in uns lebt und wirkt und welchen Prinzipien zu Grunde liegen, die wichtige Reformfragen berühren, wenn auch nicht lösen und abschließen.

Bei Erfüllung dieser unserer praktischen Aufgabe verabsäumten wir nicht, uns mit den angesehensten gebildetsten Gelehrten und Rabbinen Deutschlands in Verkehr und Verbindung zu setzen, die uns mit Lehre und Rath unterstützt haben. In den Jahren 1845, 1846 und 1847 fanden bei uns wiederholt Berathungen statt, in welchen neben dem praktisch eingeführten Gottesdienst und dem Unterricht in einer Religionsschule, ein reiches theoretisches Material als Richtschnur für uns und spätere Zeit angesammelt wurde. Im letztgenannten Jahr wurden denn auch von einzelnen Berufenen innerhalb unserer Genossenschaft Entwürfe von Reform-Prinzipien abgefaßt, die zwar durch keinen Beschluß sanktionirt, doch in Gottesdienst und Religionsschule selbst zur Geltung gekommen sind und so thatsächlich die Zustimmung unserer Genossen gewonnen haben.

In dieser thatsächlichen Durchführung der Reform-Prinzipien sind freilich große und wichtige Fragen der Reform noch unerledigt geblieben. Sie werden dereinst in Zeiten, wo ein neuer schöpferischer Geist wiederum das Reform-Bestreben zu einer thatkräftigen Anregung bringt, ihre Lösung zu finden haben. Für jetzt muß es uns genügen, nach Ablauf zweier Jahrzehnte unseres Bestehens, von welchen das erstere sprechende Zeugnisse sowohl des thätigsten geistigen Wirkens, wie der opferfreudigsten Betheiligung unserer Genossen hinterläßt, — den Kern unseres Strebens zusammenzufassen und die Grundzüge auszusprechen, welche in Bezug auf die in uns lebenden religiösen Ueberzeugungen zum Ausdruck und zur Geltung gekommen sind.

Diese Grundzüge lauten wie folgt:

Wir glauben an einen einzigen, unendlichen Gott, der der Urgrund alles Daseins ist.

Wir halten es für unsere Pflicht, diesen Glauben und das aus ihm folgende Bewußtsein des Zusammenhanges des Menschen mit Gott und den Nebenmenschen in uns zu beleben und zu kräftigen durch gemeinsame Erbauung.

Wir wollen in den Formen und Einrichtungen zu unserer gemeinsamen Erbauung uns soweit denjenigen anschließen, welche in der Religion unserer Väter durch Jahrtausende ihre versittlichende Kraft bewährt haben, so weit sie noch in unserer Zeit für diesen Zweck sich eignen.

VI.

Unser Bekenntniß über die heilige Schrift und die in ihr enthaltenen Gesetze.

Die Bücher der heiligen Schrift verehren wir nur als die Zeugnisse des Gottesbewußtseins unserer Väter, das in hohem Grade sich in ihnen entwickelt hat. Wir entnehmen aus ihnen Sprüche und Lehren ewiger Wahrheit über Gott, über das Verhältniß des Menschen zu Gott und die Pflichten der Menschen gegeneinander.

Die in den Schriften enthaltene Geschichte Israels nehmen wir als eine Darstellung von Thatsachen an, wie sie sich in den religiösen Vorstellungen unserer Vorväter ausgebildet hat. Eine Verpflichtung, diese Geschichte in allen Theilen für wahr zu halten, erkennen wir nicht an.

Die Gesetze endlich, die besonders in den fünf Büchern Moses enthalten sind, verehren wir als die Erkenntnißquellen der in den Vätern zum Ausdruck gekommenen Gotteserkenntniß; erkennen sie aber nur als die Mittel an, die von den Vätern als geeignet gefunden worden sind, entweder die oben bezeichneten Lehren und Pflichten zu versinnlichen oder die großen Momente der Geschichte Israels im Gedächtniß und im Bewußtsein des Volkes zu erhalten, oder die ehemalige abgesonderte Nationalität der Väter zu kräftigen. Wir stellen deren absolut gesetzliche Geltung für unsere Zeit als nichtvorhanden fest. Wir halten vielmehr diese Gesetze nur als normgebend für die religiösen Einrichtungen, Institutionen und Ceremonien in der Gegenwart, sobald durch sie selbst oder modificirt nach ihnen, das Gottesbewußtsein gestärkt, oder sittliche Zwecke erreicht, oder die großen religiösen Momente in der Geschichte Israels im Gedächtniß und Bewußtsein der Bekenner des Judenthums erhalten werden können, oder das Bewußtsein der Zusammengehörigkeit der Bekenner des Judenthums in religiöser Beziehung durch sie gekräftigt wird.

VII.

Unser Bekenntniß über die weiteren Religionswerke.

Als fernere Quelle des auf uns vererbten Judenthums erkennen wir die durch das Leben, die Sitten und die Denkweise der Väter hervorgegangene Form der Religion an, die nach dem Erlöschen der unmittelbareren und lebendigen Entwickelung als „die Tradition" auftrat, und später in den Schriften des Judenthums, namentlich in den Midraschim und Talmuden als Halacha firirt wurde. Wir sprechen der sich hieraus entwickelten Gestaltung des Judenthums gleichfalls einen normgebenden Charakter für uns zu; nehmen jedoch eine gesetzverbindliche Kraft dieser Schriften, wie den aus ihnen entwickelten Codices, für die Gegenwart und Zukunft als unberechtigt an.

VIII.
Unsere Glaubens- und Pflichten-Lehre in Anlehnung an die Worte der heiligen Schrift.

Unseren Glauben an Gott lehnen wir an die Schriftworte

„Höre Israel, der Ewige, unser Gott, der Ewige ist einzig." (5 Moses, Kap. 6, Vers 4.)

und

„Heilig, heilig, heilig, ist der Ewige Zebaoth." (Jesaias, Kap. 6, Vers 3.)

Unser Glaube über das Verhältniß des Menschen zu Gott entspricht den Schriftworten

„Der Mensch ist im Ebenbilde Gottes geschaffen." (1 Moses, Kap. 1, Vers 27.)

und

„Kinder seid Ihr des Ewigen, Eures Gottes." (5 Moses, Kap. 14, Vers 1.)

Unseren Glauben über den Geist des Menschen lehnen wir den Schriftworten an:

„Und es kehrt zurück der Staub zur Erde, woher er ward, und der Geist kehrt zurück zu Gott, der ihn gegeben." (Prediger Salomonis, Kap. 12, Vers 7.)

Unsere Pflichtenlehre stützen wir auf das Schriftwort:

„Du sollst lieben den Ewigen, deinen Gott, von ganzem Herzen, von ganzer Seele und von ganzem Vermögen." (5 Moses, Kap. 6, Vers 5.)

Unsere Pflichtenlehre gegen den Nebenmenschen entspricht dem Schriftworte:

„Du sollst lieben deinen Nächsten wie dich selbst." (3 Moses, Kap. 19, Vers 18.)

IX.
Ueber die Pflicht der Einrichtung religiöser Institute.

Die Glaubens- und Pflichtenlehre bedarf zu ihrer Bewahrheitung und ihrer Befestigung in unserem Leben der religiösen Institute. Wir halten es daher für eine unabweisbare Aufgabe, solche Institute zu gründen und Einrichtungen zu treffen, welche das religiöse Bewußtsein der Einzelnen, wie das der Zusammengehörigkeit größerer Gemeinsamkeiten fördert. Desgleichen erachten wir es für Pflicht, hierbei ein Ceremoniell festzuhalten, das durch seine Gemeingültigkeit und Feierlichkeit, den wichtigsten Lebensereignissen, eine religiöse Weihe verleiht.

Wir erklären daher als nothwendig:

Die Verbindung der Einzelnen zu Gemeinsamkeiten (Gemeinden, Genossenschaften u. s. w.).

Die Einrichtung von Gottesdiensten, die geeignet sind, die Glaubens- und Pflichtenlehren dem Einzelnen immer mehr und mehr nahe zu bringen.

Die Feier von gemeinsamen Festen und Sabbaten.

Die Einrichtung von Instituten für den gemeinsamen Religionsunterricht.

Die Aufnahme der Jugend in den Gemeinde-Verband durch eine öffentliche gottesdienstliche Feierlichkeit.

Aus der Geschichte des Judenthums geht hervor, daß

unsere Vorväter zu einer Zeit, in welcher die Menschen die trübsten Begriffe von Gottes Dasein und seinem Wesen gehabt, sich zu einer wahren Erkenntniß desselben erhoben haben. Wir nennen dies in der Sprache der Religion: Gott hat sich unsern Vätern offenbart in seiner Wahrheit. Er hat begeisterte Männer unter ihnen erstehen lassen, die das Volk geleitet und durch Gesetze und Vorschriften Israel in trüben Zeiten gewahrt vor Untergang und Untreue. Seine besondere Vorsehung hat Gott Israel dargethan in dessen Zerstreuung über den ganzen Erdboden, und wir erkennen unser eignes Bestehen als einen Beweis seines Schutzes an, in welchem er Israels reinen Glauben in uns für höhere sittliche Zwecke aufbewahrt.

Aus dieser Erkenntniß erwächst für uns die Pflicht, unseren religiösen Einrichtungen den Charakter zu geben, durch welchen das Bewußtsein unseres Zusammenhanges mit der Geschichte Israels, mit dem religiösen Leben unserer Väter, wie mit den gesammten Bekennern des Judenthums kräftig gehoben wird.

Wir erkennen es daher als unsere Pflicht:

Das brüderliche Band, das von je die gesammte Judenheit als Glaubensgemeinde umschlungen, als ein heiliges und hohes für immer festzuhalten, und das Bewußtsein der Zusammengehörigkeit niemals freiwillig aufzugeben.

In unsern Gottesdienst die wesentlichsten spezifischen Elemente des Judenthums aufzunehmen.

Die Geschichte Israels und dessen Bedeutung für Vergangenheit, Gegenwart und Zukunft uns durch

Belehrung, wie in den Gebeten und im Jugendunterricht immer mehr zu Bewußtsein zu bringen.

Die bedeutendsten historischen Momente in der Geschichte der Väter durch die Feier der jüdischen Feste lebendig in unserm Andenken zu erhalten.

In religiösen Sitten und Gebräuchen, soweit sie zur Zeit noch geeignet sind, religiöse Gefühle in uns zu erwecken, uns den überkommenen religiösen Sitten und Gebräuchen der Väter anzuschließen.

Aus dieser Erkenntniß geht ferner das Bewußtsein für uns hervor:

Daß wir die Träger einer wahren Religion sind, und uns in ihr gekräftigt fühlen müssen, Versuchungen im Leben zu widerstehen, und Zurücksetzungen um unserer Religion willen zu ertragen.

Daß einst die geläuterte Gotteserkenntniß des Judenthums zum Eigenthum der ganzen Menschheit und durch sie jener höchste Zustand sittlicher Vollkommenheit des Menschengeschlechts auf Erden verwirklicht werden wird, welchen wir als den einzig wahren Sinn der messianischen Verheißungen ansehen, die seit den Zeiten der Propheten bis auf die Gegenwart in Israel festgehalten worden sind.

Schlußbemerkung.

Es hieße unsere Verdienste überschätzen oder unsere Aufgabe unterschätzen, wollten wir im Rückblick auf die zwei Jahrzehnte unseres Bestehens den Ausspruch wagen, daß wir gelöst, was wir in dem feierlichen Aufrufe vom 2. April 1845 übernommen. Reformen einer Religion, die seit vielen Jahrhunderten unter dem schwersten Mißgeschicke, den unerhörtesten Aufwand der Kräfte ihrer Bekenner nur für ihre Existenz in Anspruch genommen hat, sind in wenig Jahrzehnten nicht festzustellen; Reformen einer Religion, deren Bekenner nicht blos über dem ganzen Erdboden zerstreut, sondern auch an Bildung und Gesittung so außerordentlich stark abgestuft sind, können in wenig Jahrzehnten unmöglich auf allgemeinere Verwirklichung hoffen. — Wir haben begonnen! Dies sei unser Trost!

Wir haben begonnen in treuer Nachfolge vereinzelter Vorgänger! Wir haben begonnen unter Rath und Pflege treuer Lehrer in Israel! Wir haben begonnen mit Ernst, mit Gottvertrauen und in Liebe zur heiligen Religion unserer Väter! Wir haben begonnen! Das sei unser Ruhm, wenn unsere Kinder in gleichem Ernste, mit gleichem Gottvertrauen und in gleicher Liebe zur Religion der Väter fortwirken, um ein Werk, des edelsten Strebens werth, dereinst zu vollenden.